frank boger

freiburger roulette

lyrik & prosa

AF211412

alle rechte beim autor
1. auflage 2002
herstellung: books on demand gmbh
ISBN   3-8311-3912-1

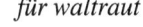

für waltraut

stadtflucht

berlin I
(die toten augen)

ankunft zoologischer garten
zwei bis drei gleise
winzige bahnhofshalle
schmutzig schäbig schal

provinz

draußen helle sonne
lärm rufe busse
zweigeschossig ocker
aschinger
schultheiß

unverkennbar berlin

das eine gibt es nicht mehr
nur noch zu ahnen
die mauer geht mittendurch

am horizont
wo die häuser beginnen
fahrzeuge
davor die ebene
davor bollwerke
davor die mauer

lichtmasten in ausreichender zahl
volkspolizisten
schäferhunde

das rondell ist erkennbar
kaum fünfzig meter
von der mauer entfernt

leicht überwachsen
auch die straßenzüge
leipziger straße
stresemannstraße
blausteinpflaster
straßenbahnschienen

rostig
die eingänge
zur ehemaligen
u-bahn-station

rostig
das hinweisschild
mit der aufschrift
potsdamer platz

das andere
gibt es auch nicht mehr
am rande die bahnhofshalle
geschwungen gläsern

dahinter beton

in der zweiten dimension

beton
in der dritten dimension
beton

halblinks ein kaufhaus
mehrgeschossig rechteckig flachdach
horten
nein centrum

innen rolltreppen
breit gläsern
horten
nein centrum

rechts ein kaufhaus
mehrgeschossig
weniger rechteckig
weniger typische fassade
aber centrum

daneben
ebenso stereotyp
beton einer sparkasse

halbrechts der halle
über den betonfußboden hinweg
offen

blick auf wohnsilos

mehrgeschossig
leicht bunt
flachdach

karl-marx-allee

irgendwo
am rande
dieses areals
ist es zu sehen
das straßenschild
schlicht
unauffällig
mit der inschrift
alexanderplatz

75

berlin II
(das glasauge)

ein ungetüm
auftauchend aus der mitte

stein
verrußt
ruine

steil aufragend
hohl
die nacht erreichen wollend

einsam
dem rumpf beraubt

davor daneben dahinter
imitationen
sechseckig
achteckig

kaum nachempfunden
dem zerstörten
beziehungslos
gegenüber dem relikt

wesenlos

trilogie
der unvereinbarkeit

isolation
insel der insel

umsäumt vom fluß
des verkehrs

vom meer
der leuchtreklamen

weder palmen noch strand
herrschaft der neonröhren

bewacht
von einem
übergroßen stern

breitscheidplatz am abend
berlins glasauge

75

berlin III
(die blinde stadt)

diesseits
trümmer
neue straßenzüge

im hintergrund
haus vaterland
ausgebrannt

der neubau
der staatsbibliothek
gewaltig
beton

an der mauer
makaber
imbißbuden

andenkenläden

erinnerungstafeln

fotos vom platz
einst und jetzt

jenseits
totenstille
schweigen

der versuch

auszulöschen
wetteifert
mit dem mythos
des lebendigen

berlin ist blind

75

frankfurt

im winter:
es ist sehr glatt
wenn man keine ledersohle hat

im sommer:
von schwül bis kühl
kaum kalkül

stadtrundgang:
die hauptsache
ist die hauptwache

skyline:
sehr gotisch
idiotisch

der römer:
festgemauert in beton
steht das haus sehr lange schon

78

münchen leuchtet?

den koffer in der hand
kein fach
kirchentag

den mantel im arm
ziemlich matt
aus der stadt

die sonne brennt
zu heiß
kraftverschleiß

die blase am fuß
halt durch
nymphenburg

84

around and around

in gold
taucht die abendsonne
die silhouette
von san francisco

in schwarz
die waffe fest
auf der hüfte
umkreist
zweifelnd immerhin
der sheriff
von sausalito
den falsch geparkten
pontiac

81

erdbeben

während
das auge
westwärts
schweift

zu golden gate
der bucht und der
nebelumwölkten
stadt

nähert sich
seitwärts
eine ruppige
stimme

deutsch
rheinländisch dazu
die alles
zerstört

81

halloween

iech gieng
ien wien
so fier
miech hien

und hatte
stets nur
flucht
iem sienn

iehh wien
z' dier
muß man
niecht hien

82

freiburger roulette

der totengräber lieblingslied

steter tropfen
füllt den schrein

hör nicht auf zu stopfen
dich mit whisky wein
brand rum und hopfen
getränken
schling sie hinein
ohne nachzudenken
über deine leber
das machen wir totengräber

steter tropfen
füllt den schrein

hör nicht auf zu klopfen
dich auf dein brüstelein
sei stolz auf die menge
die du schon geschluckt
und schenk ruhig noch mal ein
es wär doch gelacht wenns nicht gelänge
bald besoffen zu sein
vergiß nicht darzutun
deinen alkoholkonsum
denn das beeindruckt
sehr

doch uns totengräber nicht
mehr
wir erfüllen unsere pflicht

und sind dankbar daß ihr auf uns hört

steter tropfen
füllt den schrein
macht reich uns obendrein

so mancher ist darob empört

74

verklärte blicke

ich sehe ein handtuch
auf der leine
ein hemd
mein blick ist mir so fremd

ich sehe socken
auf der leine
eine mütze
ich blicke in eine pfütze

ich sehe mich
und mich daneben
mich und mich und mich
und mag nicht mehr leben

74

mein zimmer

mein zimmer ist geräumig
und ich freu mich
daß ich drin wohne
es wäre trostlos ohne

74

nächtliche gedanken auf der autobahn
zwischen appenweier und karlsruhe-rüppurr

nacht – nicht einmal klar
nur nebel und wind
o uwe brummcar
wie einsam wir doch sind

nur ab und zu erhellt ein kegel
diverser scheinwerfer unser gesicht
dunkel zu sein erscheint mir des nachts die regel
nein noch einmal fahre ich des nachts nicht

warum muß die nacht nur ständig dunkel sein
finsternis kann mir die fahrt vermiesen
die antwort – ein kurzer heller scheinwerferkegelschein
als ironischen wink verstehe ich diesen

man sollte die dunkelheit erschießen

74

sommer im winter

oh ja
der sommer ist da
sollte man annehmen
und der winter sich schämen

oh je
es fällt kein schnee
keine wolke weint
denn die sonne scheint

oh ji
sommer und winter die
beiden extreme von
einst sind austauschbar schon

oh jo
niemand ist froh
über diese ungesunde
jahreszeitenrunde

oh ju
böser winter du
verprellst alle leut
bist unbrauchbar zur zeit

74

frühlingsserenade mit bratwurst

wenn die sonne
ihre strahlen
durchs münster schickt
setzt der betrachter
die sonnenbrille auf
und erkennt
seine bratwurst
nicht mehr

derweil schreiten genußvoll
empfindungen
um die ecke
und am himmel
leuchten gefühle
kurzärmelige oberhemden
passieren mit wippenden
brüsten an der hand

der schloßberg schimmert
im matten grün
nirgendwo ein stiefel
durch die gassen
tanzt die leichtigkeit
reize rutschen
von den dächern hinab
in die prallen einkaufstaschen

es grast und blütet und laubt
in wald und wiese
schleichen küsse sich

leben breitet sich aus

von all dem
bemerkt
der betrachter
nichts

und als
er sich
endlich
entschließt
die finstere brille
abzunehmen
ist die bratwurst
kalt

75

schwarzwaltraut

hauptstadt des schwarzwaldes
so nennt halt
freiburg sich

trautes haupt
der stadt am wald
so nenn ich dich

74

arm in arm

freiburg ist ein süßes städtchen
ein münster hat es auch
du aber bist ein süßes mädchen
schlank und ohne bauch

ich mag dich
ich kanns nicht ändern
und wenn wir durch freiburgs straßen schlendern
arm in arm
dann lacht mein darm

75

waltraut – ein wintersemestermärchen

1. (1.12.73)
denk ich an waltraut in der nacht
so ähnlich sprach schon heinrich heine
dann bin ich um den schlaf gebracht
doch mit dem unterschied daß ich nicht weine

2. (4.12.73)
ich würde ohne dich zu fragen
im ganzen schwabenlande nach dir jagen
denn immer wenn ich dich seh spür
ich mein magengeschwür

3. (11.12.73)
mehr zeilen bist du eigentlich nicht wert
zwar finde ich dich nett
doch auch sehr falsch und verkehrt
ich leg mich lieber allein zu bett

4. (13.12.73)
du bist schön
kannst irrsinnig nett sein
wie schnell nur kann das wieder vergehn
abweisend bist du dann und kalt wie stein

5. (17.12.73)
wie entzückt war ich als ich dich vorhin sah
du hattest dich so hübsch zurecht gemacht
zwar weiß ich nicht für wen das wohl geschah
doch wieder mal hast du mich grauenhaft nett angelacht

6. (18.12.73)
karthäuserstraße sprachst du ganz oben
viermal klingeln um neun
ich muß dich einfach loben
endlich gingst du einmal auf mich ein

7. (18.12.73)
und als ich endlich bei dir war
gingst du einmal aus dir heraus
und erzähltest wunderbar
wer hätte das gedacht ei der daus

8. (18.12.73)
du kannst so nett erzählen
du tust es wenn du auf interesse stößt
es sind die schweigenden momente die so quälen
weil auch ich als schweiger dann entblößt

9. (20.12.73)
gestern nun da hab ich dich geküßt
du ließest mich gewähren
zwar habe ich ein liebes wort von dir vermißt
doch sicher wirst du es mir noch bescheren

10. (20.12.73)
und heute müssen wir uns trennen
zwei wochen werd ich dich nicht sehen
gern würd ich jetzt nach friedrichshafen rennen
wie wird es dir wohl gehen?

11. (4.1.74)
kaum daß ich in freiburg war
bin ich hin zu dir
froh war ich als ich dich endlich wiedersah
und offensichtlich gings dir so wie mir

12. (7.1.74)
du gabst sehr viel am wochenende
hätt ich mir noch mehr nehmen können
wie dem auch sei nur küsse und meine sanften hände
wollt ich zunächst deinem körper gönnen

13. (7.1.74)
du hast eine hübsche kleine feste brust
sie zu küssen das ist eine pracht
ja da bekommt man richtig lust
doch halt ich hab wohl schon zu weit gedacht

14. (12.1.74)
die stunde auf dem schloßberg heute nacht
die hab ich sehr genossen
der mond hat leis dazu gelacht
ach waltraut ich hab dich in mein herz geschlossen

15. (16.1.74)
ging ich dir zu weit nicht ohne grund
sprach ich zu dir ich hab dich lieb
du legtest deine hand auf meinen mund
zum zeichen daß ich besser schweigsam blieb

16. *(16.1.74)*
du könntest darauf nicht antworten
da du eine antwort darauf nicht weißt
gewiß mädchen gibt es aller orten
doch nur eins in freiburg das schwarzwaltraut heißt

17. *(16.1.74)*
insofern gebe ich dir recht keine antwort zu geben
ist besser als eine die nicht stimmt
daran muß ich denken als ich in der mensa neben
dir sitze bei grießbrei mit zucker und zimt

18. *(16.1.74)*
dennoch halte ich deine meinung nicht für richtig
liebe ist nichts wunderbares absolutes
sie gilt vielmehr nur für den augenblick
glaube mir sie tut tut tut es

19. *(16.1.74)*
sie bedarf ständiger erneuerung
und sorgfältiger pflege ungeheuerlich
dann wirkt auch jede beteuerung
dieser wieder abenteuerlich

20. *(16.1.74)*
dein verhalten mir gegenüber
hat geändert sich nicht und
schau ich statt zum grießbrei zu dir hinüber
lächelt nicht nur dein mund

21. (16.1.74)
deine antwort die keine war
hat beeindruckt mich sehr
und verstärkt hat sich offenbar
meine achtung vor dir wegen deiner lichkeit ehr

22. (31.1.74)
meine zweifel an dir sie sind nicht zu beheben
du bist vorsichtig und viel zu überlegt
doch auch bereit sehr viel zu geben
das ist es was mich immer wieder so bewegt

23. (3.2.74)
aus meinem gedächtnis verbannen
möcht ich den gestrigen tag
traurig zog ich von dannen
zu furchtbar war die schmach

24. (7.2.74)
du hast dich ganz großartig verhalten
und trägst mir auch nichts nach unsinn sei dies
stelltest keine fragen machtest keine anstalten
ich ahne allmählich auf welch tolles mädchen ich stieß

25. (14.2.74)
so nett und so lieb wie in diesen tagen
empfand ich dich bisher noch zu keiner zeit
in eine schachtel stecken und mit mir herumtragen
möcht ich dich herrlich erfrischende schwäbische maid
(doch tätest du mir dann leid)

26. (17.2.74)
ein wunderschönes wochenende war das
auch wenn es nicht den ersehnten abschluß gebracht
so wolltest du nicht daß ich gehe was
ich auch nicht tat ich blieb über nacht

27. (17.2.74)
ich begleitete dich zum zug
gab dir einen kuß und versprach zu schreiben
du danktest daß ich deinen koffer trug
eine lange zeit nun muß ich ohne dich verbleiben

28. (20.2.74)
vier wochen oder deren fünf ganz ohne dich
wie soll ich die nur überstehen
ich weiß die zeit wird fürchterlich
doch ohne an dich zu denken wird kein tag vergehen

29. (3.3.74)
ob wohl dieses getrenntsein anlaß ist
dich von mir zu lösen und zu befrein
oder werden wir wenn du zurück bist
weiter öfter zusammensein

30. (21.3.74)
heut hat mich wieder ein netter brief von dir erreicht
du schreibst mir regelmäßig und oft
daß du mich in dieser langen zeit vielleicht
doch nicht vergißt hab ich im geheimen gehofft

31. (27.3.74)
die farben deiner briefe zweimal grün einmal blau zweimal rot
du wähltest sie so schriebst du aus mit bedacht
und zu dem bunten farbenspiel das sich da bot
hab auch ich mir meinen teil gedacht

32. (31.3.74)
mit dem heutigen tag ist das wintersemester beendet
jedoch das märchen ist es nicht
daß das märchen nicht so bleibt und sich wendet
ist wahrscheinlich doch augenblicklich nicht in sicht

anhang
freuen tät ich mich
daran zu denken wag ich kaum
gesellte zu dem märchen sich
gar ein sommernachtstraum

74/75

mein geburtstagsgeschenk

ich werde dir nicht gratulieren
ich werde mit dir trauern
und um die zweien einzufrieren
dir ein kühlhaus bauen

74

april-kalender

1
es geht auf zwölf uhr zu
und ich frage dich ob du

2
hungrig bist
und mit mir in der mensa ißt

3
du nickst
und ich sehe wie du dich anschickst

4
dein portemonaie zu ergreifen die sonnenbrille
den schlüssel und in aller stille

5
verlassen wir wieder einmal
den lesesaal

6
in der regel kümmert uns nicht
das licht

7
der ampel wir gehen
auch bei rot und stehen

8
kurz darauf in der schar
der auf die mahlzeit war

9
tenden nach erhalt des essens tragen
wir ohne uns noch erst zu fragen

10
die speise
anerkannterweise

11
nach oben hinten und tun uns dann beim wählen
eines tisches quälen

12
ich wünsche dir
du mir

13
einen guten appetit
und so geschieht

14
daß unterbrochen nur von
einigen bemerkungen die teller schon

15
recht bald abgeräumt sind
und wir geschwind

16
nach unten eilen
um nicht länger in der mensa zu verweilen

17
wieder an
der frischen luft sind wir uneins dann

18
ob links ob rechts doch es besteht
einigkeit wohin es geht

19
gemeinsam
ziehen wir zur dreisam

20
und setzen uns ganz zweisam
einsam

21
in das gras
wir mögen das

22
wohl so eine runde
stunde

23
liegen wir im sonnenschein
und streicheln ein

24
ander hände und hals
küssen tun wir uns ebenfalls

25
erst wenn die vernachlässigte arbeit
uns ruft sind wir bereit

26
den lieblichen ort zu verlassen
doch ohne zwei tassen

27
kaffee
zu trinken keh

28
ren wir in den lesesaal
nicht zurück zu groß wär die qual

29
doch obwohl jeden tag dasselbe
ist es dennoch schön und die dreisam nicht die elbe

30
weil alles dies so sehr ich hab vermißt
freu ich mich daß du wieder da bist

75

sonntag und

und

es wird nacht

und

so fern scheint mir der augenblick
da ich zuletzt
dicht an dich geschmiegt
dir über das haar strich

und

deine hände fühlte
die meine schultern abtasteten

und

meinen nacken suchten

und

den hals

und

die mir den bart zerwühlten

und

du drücktest unendlich leicht
deine trockenen lippen auf mein augenlid
niemand von uns sagte ein wort

und

doch schwebte es fühlbar über uns
das bekenntnis
ich habe dich so lieb

und

so fern scheint mir der augenblick

und

doch so nah
daß ich nicht mehr spüre
wie gegenwart sich mit vergangenheit vermischt

und

ich in einen unendlich
schönen traum falle

und

als ich erwache
sehe ich dich neben mir

und

dein ruhiger atem verrät mir
daß du noch schläfst

und

während ich mich herumdrehe

und

einen arm um dich lege
wird mir bewußt
daß sonntag ist

und

75

daydream

daydream

ich bin ein jüngling
mit blondem haar
ja das ist wahr
blah blah blah

da staunen selbst die rehe

neulich traf ich ein mädchen
mit einem rädchen
unterm arm
es trug auch einen hut
der stand ihm sogar gut

da staunen selbst die rehe

alsdann ging ich in den wald
da wars mir plötzlich kalt
mit besagtem mädchen unterm arm
wurds mir wieder warm

da staunen selbst die rehe

ich schaute ihnen eine weile zu
da machte eines plötzlich muh
nanu
das mädchen lachte
auch ich dachte
das sind ja gar keine rehe

67

ballade vom armen studenten

der gern reich wär

störe ich
wenn ja dann laß dich
ruhig einmal stören
um mir zuzuhören

ein brief kam heute
von dir und es freute
mich zu lesen
wie es ist im seminar gewesen

soso du hast belegt
bist ordentlich geworden
ich bin bewegt
verlieh dir einen orden

für diesen weg der umkehr
wär mein portemonaie nicht leer
wär nur ein pfennig noch darin
ich tät ihn sparen

und tät nach zwanzig jahren
von dem gewinn
den ich dann hätt
ein schlößlein bauen

mit türmchen und mit himmelbett
und einen graben drumherum
wir ließen uns dann trauen
und zögen dort hinein

heidideldum
das wär fein

so wisse
wär mein portemonaie nicht leer
ich täts – wenn auch nur einmal und dann nicht mehr
tausend küsse

70

drum

sag an
soll ichs

oder soll ichs nicht
dir basteln ein gedicht

sag an
bist du drauf erpicht

du brauchst dich nicht zu grämen
es wird mich nicht beschämen

es macht mir spaß
drum tu ich das

73

butler parker

mein treuer diener hat im sinn
dir über meilen
ein paar zeilen
von mir mitzuteilen
denn er hat noch eine mine drin

geführt von meiner sanften hand
zieht er strich für strich
und verausgabt sich
für dich
ja du bist von ihm völlig anerkannt

ich sollte meinem diener danken herzlich
für seine qual
tausendmal
und nocheinmal
denn ich vermisse dich sehr schmerzlich

73

jahrestag

wenn man bedenkt
ein jahr
man merkt es kaum

ein jahr das du mir ich dir geschenkt
ist wenn mans bedenkt
halt nur ein schöner traum

wenn man bedenkt
ein jahr
was ist geblieben

erinnerung doch die zählt zur vergangenheit
so sehr wir uns auch lieben
es bleibt niemals die zeit

74

geburtstagsgedicht

oh waltraut
oder wie du dich sonst schreiben magst

du hast gut lachen
du feierst heute deinen jubeltag

anläßlich dessen
wollt ich dir ein gedichtchen machen

ich weiß nicht wieso das
ich hab es vergessen

75

schmerzliche rückkehr

sag bist du noch wach
jetzt gegen zehn nach
zehn
oder bist zu
bett gegangen du
ich könnte es verstehn

wie dem auch sei auf diese weise
möchte ich zum tagesschlüßchen
ein paar liebe küßchen
auf die lange reise
nach friedrichshafen
schicken mögest du gut schlafen

75

aus der traum

Aus der Traum

Selten kommt es vor, daß ich träume. Oder besser, daß ich mich an Träume erinnere. Aber es kommt vor. Vor ein paar Tagen beispielsweise. Da träumte ich von Helga. Und von mir natürlich. Ich träumte, Helga angesprochen zu haben. Einfach so. Wahrscheinlich heißt sie gar nicht Helga. Wahrscheinlich hat sie einen ganz anderen Namen. Aber den kenne ich nicht. Deshalb nenne ich sie Helga. Schließlich muß sie einen Namen haben, wenn ich von ihr erzähle.

Ich sehe Helga jeden Tag. Oder sagen wir mal fast jeden. Wir treffen uns im Schwimmbad. Treffen ist vielleicht etwas viel gesagt. Man könnte eventuell denken, wir seien verabredet. Aber das sind wir nicht. Wir sind eben beide da. Rein zufällig. Sie wie ich zur selben Zeit. In etwa.

Denken Sie nicht, wir seien die einzigen im Schwimmbad. Natürlich sind außer uns noch mehr Menschen da. Nur jeden Tag andere. Zumindest habe ich den Eindruck. Ich meine immer, ihnen zum ersten Mal zu begegnen. Sie sind mir gewissermaßen völlig unbekannt. Was ja im Grunde auch stimmt.

Bei Helga ist das anders. Obwohl ich sie genausowenig kenne. Ich habe noch nicht einmal ein Wort mit ihr gewechselt. Bis vor wenigen Tagen jedenfalls. Ich weiß auch gar nicht, wo sie wohnt, wie sie lebt, was sie macht. Aber ich weiß immerhin, wer sie ist, wenn ich sie sehe. Ich erkenne sie sozusagen.

Nicht, daß sie etwa schön wäre. Schön wird man sie wohl nicht nennen können. Soweit sich das überhaupt beurteilen läßt. Es ist ja nur ihr Kopf zu sehen, im Wasser, ihr steil aufragender Kopf. Und der ist beileibe nicht schön. Groß ist er, mächtig, aber nicht schön. Überhaupt sind Frauen im Wasser nicht schön. Erst recht die Köpfe nicht.

Und doch ist mir Helga aufgefallen. Irgendwie. Wegen ihres Stils vermutlich. Der ist schon recht eigenwillig. Muß man wirklich sagen. So wie Helga schwimmt niemand sonst. Gut, sie schwimmt gradlinig und gleichmäßig. Und sie ist ausdauernd. Sie ist auch immer vor mir im Wasser, meistens jedenfalls. Und zieht selbst dann noch ihre Bahnen, wenn ich schon wieder rausgehe. Ruhig und regelmäßig wie ein Uhrwerk. Vor und zurück, vor und zurück.

Aber für eine echte Schwimmerin schwimmt sie reichlich verkrampft. Fast steif, möchte ich sagen. Jedenfalls wirkt sie so auf mich. Sie bewegt nämlich ihren Kopf überhaupt nicht. Sie reckt ihn vielmehr geradewegs aus dem Wasser heraus und hält ihn strikt in dieser Stellung. So gleitet er gewissermaßen über die Wasserfläche wie eingerastet. Das ist schon ziemlich komisch. Und einmalig.

Naja, Helga ist immer stark geschminkt. Soweit ich das beurteilen kann. Sie hat Wimperntusche aufgetragen, Lidschatten und sicher auch Make up. Und Lippenstift.

Jeden Tag einen anderen. Scheint mir jedenfalls so. Auf alle Fälle meidet sie es wie die Pest, ihr Gesicht naß werden zu lassen.

Auch ihre Haare. Die behandelt sie ganz penibel. Soweit ich das erkennen kann. Sie hat sie immer sorgsam hochgesteckt, mit diversen Nädelchen und Klämmerchen. Eine Badekappe trägt sie nicht. Ich übrigens auch nicht. Aber mir macht es auch nichts aus, wenn meine Haare naß werden. Nicht das geringste.

Seit ein paar Wochen geht das schon so. Ich meine, seit ein paar Wochen beobachte ich Helga beim Schwimmen. Natürlich beobachte ich sie nicht richtig, ich bin ja kein Voyeur. Nur ist sie seit einigen Wochen auch da, wenn ich da bin. Oder ich bin da, wenn sie da ist. Je nachdem.

Jedenfalls ist mir nicht entgangen, daß da außer mir noch jemand schwimmt. Ich meine, richtig schwimmt. Und nicht planscht, springt, taucht oder sonst einen Unfug treibt. Wie das ja Gewohnheit geworden ist in öffentlichen Bädern. Wer mag schon noch richtig schwimmen heutzutage.

Ich muß sagen, seitdem ich weiß, daß ich Helga täglich im Schwimmbad antreffe, macht mir das Schwimmen mächtig Spaß. Viel mehr als vorher. Ehrlich. Obwohl es mir vorher auch schon Spaß gemacht hat. Eigentlich hat es mir immer schon Spaß gemacht. Früher genauso wie jetzt. Nur schwimmt es sich einfach angenehmer mit Helga, wesentlich angenehmer.

Ich meine, es ist wirklich schön, eine Mitschwimmerin zu haben. Obwohl wir gar nicht miteinander schwimmen. Auch nicht zusammen. Wir schwimmen so vor uns hin, jeder für sich, mal nebeneinander, mal voreinander her. Wie es sich grad ergibt. Wir begegnen uns. Das ist alles.

Offen gestanden, ich freue mich auch immer schon auf Helga. Nachmittags im Büro denke ich schon an sie. In zwei Stunden, denke ich beispielsweise, in zwei Stunden schwimmst Du wieder mit Helga, und ich denke an ihren Kopf, den mächtigen, wie er sanft dahinschwebt, so gleichmäßig und regungslos als wäre er an einer Schnur gezogen. Und dann kann ich es gar nicht erwarten, bis die Zeit um ist, bis der Zeitpunkt gekommen ist, da ich Helga im Wasser entdecken werde. Oder vielmehr das, was von ihr zu sehen sein wird, ihren Kopf.

Gestern habe ich Helga angesprochen. Ich meine richtig. In Wirklichkeit. Ich meine, ich habe genau dieselben Worte zu ihr gesagt wie im Traum. Ich bedauerte es irgendwie, daß wir uns nun seit Wochen begegneten, aber immer nur nebeneinander herschwammen. Nichts zueinander sagten. Nichts voneinander kennenlernten. Uns nur gegenseitig zur Kenntnis nahmen. Hin und wieder jedenfalls.

Hallo Helga, habe ich gesagt. Wie im Traum. Hallo Helga, ist es nicht schade, daß sich unsere Wege nur immer im Wasser kreuzen und nicht auch mal außerhalb? Wie wär's, wenn wir später ein bißchen miteinander redeten? Bei einem Kaffee vielleicht? Das habe ich gesagt zu ihr. Gewissermaßen im Vorbeischwimmen. Genau wie im Traum.

Aber Helga hat nicht gelächelt wie noch im Traum. Dieser mächtige steife Kopf, dieser unbewegliche, neigte sich mir nicht entgegen, ihre Augen zwinkerten mir nicht zu, und ihre Lippen stülpten sich nicht zu diesem spitzbübischen Schmunzeln, das verriet, daß es ihr genauso ging wie mir.

Helga schwamm vorbei. Einfach weiter. Ruhig und regelmäßig wie jeden Tag. Sie reagierte nicht. Sie sagte nichts. Sie hauchte auch nicht zurück, wie im Traum, aber gern, Jakob, gern. Ich heiße natürlich genausowenig Jakob wie sie Helga, wie Sie sich sicher denken können.

Heute ist Helga nicht gekommen. Das Leben ist anders als im Traum. Das Leben läßt sich nicht träumen. Und Träume bleiben Träume. Es ist falsch, sie wahrmachen zu wollen. Das geht schief, wie man sieht. Und zerstört alles.

92

Freunde

Von Rainer hatte ich ewig nichts gehört. Als er anrief, mochte ich es kaum glauben. Er lud mich ein. Zu sich. Was an sich schon ungewöhnlich ist. So etwas hatte er noch nie getan. Jedenfalls nicht seit dem Abitur.

Rainer war mein Freund. Oder vielmehr, er war es, solange wir zur Schule gingen. Danach verloren wir uns aus den Augen. Nur zu unseren Geburtstagen ließen wir von uns hören. Später unterblieb auch das.

Man müsse sich unbedingt mal wiedersehen, hatte Rainer gesagt. Nach all den Jahren müsse man sich unbedingt mal wiedersehen. Vielleicht hatte er Recht. Vielleicht auch nicht. Ich weiß es nicht. Ich weiß nur, daß früher früher war und heute heute ist. Und dazwischen eine lange lange Zeit liegt.

Früher waren Rainer und ich unzertrennlich. Ein Herz und eine Seele, wie man so sagt. Wir bauten Drachen, machten Radtouren und zimmerten Kummerkästen. Wie das Tausende von Jungen auf der ganzen Welt tun. Später tranken wir Whisky, rauchten und spielten Schach. Drehten sogar einen kleinen Film. Und machten Musik. Rainer blies das Saxophon und die Klarinette, ich schlug das Banjo und zupfte den Baß.

Heute ist Rainer Zahnarzt. Sagte er am Telefon. Er hat ein Haus, Frau und Tochter, einen Hund und einen Mercedes. Er hat es zu etwas gebracht. Was man von mir nicht unbedingt behaupten kann. Aber ich habe es auch nie zu etwas bringen wollen. Ich habe immer nur mir gemäß leben wollen. Was mir im großen und ganzen auch gelungen ist. Aber das gehört nicht hierher.

Ich halte nichts davon, vergangene Zeiten zu beleben. Was war, war. Vorbei ist vorbei. Ich halte auch nichts davon, Jahre des Schweigens einfach zu übergehen. Die Zeit verändert. Sie verdient Respekt. Was bleibt, sind Erinnerungen. Und die entsprechen selten den Tatsachen, wie man weiß.

Trotzdem fuhr ich hinaus zu Rainer. Auf mein Klingeln öffnete niemand. Es täte ihm leid, sagte Rainer anderntags, er habe ins Theater müssen. Eine ganz aufregende Inszenierung. Nur für den einen Tag wären noch Karten zu bekommen gewesen, nur für den einen Tag. Unser Treffen lasse sich ja jederzeit nachholen, meinte er, nächste Woche vielleicht. Vielleicht, antwortete ich. Aber ich wußte längst, daß wir keine Freunde mehr waren.

92

Abschied

Der Tag, an dem meine Mutter starb, trat mit einer Folgerichtigkeit in mein Leben, die sich mir erst heute erschließt. Es war an einem Sonntag, ich erinnere mich genau. Ich war mit dem Zug unterwegs, wie so oft in jener Zeit. Ich fahre gern Zug. Im Zug streife ich Bindungen ab, fühle mich niemandem mehr zugehörig. Im Zug bin ich ganz ich selbst.

Der Schaffner brachte mir die Nachricht. Er hatte sich bis zu meinem Platz durchgefragt und mir dann zugeflüstert, ich möge bitte umgehend zuhause anrufen. Ich begriff sofort die ganze Wahrheit. Meine Mutter war seit langem krank.

An den Tod hatte ich bisher keinen Gedanken verschwendet. Wie alles im Leben hielt ich auch den Tod für ein zufälliges Ereignis. Damals glaubte ich noch an Zufälle. Heute weiß ich, daß auch der Tod mit derselben Zwangsläufigkeit erscheinen muß wie der Punkt am Ende eines Satzes.

Noch während der Schaffner sprach, entstand in mir das letzte Bild meiner Mutter. Das Bild, das ich mitnahm, als ich sie drei Wochen zuvor verließ. Sie saß in ihrem Lehnstuhl, den roten Morgenmantel übergeschlagen, gezeichnet von der schweren Krankheit, geschwächt. Die schwarzen Haarsträhnen waren in ihr eingefallenes Gesicht gerutscht.

Sie lachte mir nach, als ich ihr durch den schmalen Türspalt noch einmal zuwinkte. Sie lachte mir nach, so gut sie es vermochte, und ihr Lächeln umspannte gleichzeitig eine tiefe Traurigkeit. Ich sah sie nicht, als ich ging. Das nicht und sonst nichts. Ich sah gar nichts.

Heute weiß ich, daß ich den Tod hätte sehen können, der neben ihr stand. Meine Mutter sah ihn. Sie spürte ihn. Sie wußte, was kommen würde. Sie wußte das, sie wußte alles. Auch, daß wir uns nicht wiedersehen würden.

Und sagte nichts. Natürlich nicht. Über den Tod redet niemand gern. Wozu auch. Begreifbar, faßbar ist der Tod nur für einen selbst, nicht für andere. Lebende wollen vom Tod nichts wissen. Lebende wollen leben. Ganz einfach leben. Mehr nicht. In ihrem Kalkül hat der Tod nichts zu suchen. Das ist vielleicht auch gut so.

Paß' auf dein Herz auf, sagte sie nur. Das waren ihre letzten Worte für mich. Ich dachte mir nichts dabei. Ich dachte überhaupt zu wenig. An sie schon gar nicht.

Heute weiß ich, daß sie Abschied nahm. Auf feine Weise nahm sie Abschied von mir. Noch im Angesicht ihres Todes blieb sie Mutter.

93

Nasse Käsle

Ein herrlicher Morgen. Strahlender Sonnenschein. Blauer Himmel. Klare Luft. Ein Tag wie geschaffen zum Wandern. Ich wandere gern, müssen Sie wissen. Ich meine, sofern es nicht übermäßig anstrengt. Von Natur aus bin ich ein bequemer Mensch. Hochgebirgswandern wäre nichts für mich. Obwohl es sicher ein erhabenes Gefühl ist, einen Gipfel erklommen zu haben.

Ich beschloß spontan, hinauf zum *Knöpflesbrunnen* zu gehen. Das hört sich gewaltiger an als es ist. In Wirklichkeit ist es ein ganz harmloser Weg. Nur wenige, geringe Steigungen. Jedenfalls, wenn man außen herum geht. Das ist zwar beträchtlich weiter als der direkte Weg, doch man spart sich den Abstieg hinab ins Dorf und den anschließenden Wiederaufstieg. Außen herum bleibt der Weg immer auf einer Höhe. Mehr oder weniger. Ich kenne mich aus.

Ich will ehrlich sein. Es ging mir gar nicht mal so sehr um den *Knöpflesbrunnen*. Auch das ist nur eine Bergkuppe wie so viele andere. Wenn auch eine durchaus schöne. Es ging mir vielmehr um den *Almgasthof*. Er liegt hübsch gemütlich unterhalb des Gipfels. Vor dem Haus läßt sich wunderschön in der Sonne sitzen, entspannen und den Kühen beim Grasen zusehen. Und die Wirtin hält erfrischende nasse Käsle bereit. Wenn Sie mich fragen, ist das einer der schönsten Plätze auf der Welt. Vielleicht sogar der schönste. Aber wer will sich darauf so genau festlegen?

Ich verließ mein Quartier durch die kleine Pforte auf dem gegenüberliegenden Spielplatz. Der Weg führte zunächst parallel zur Straße und dann quer über eine Alm bergan. Diesen Abschnitt mochte ich gar nicht. Wegen der Kühe. Kühe kann ich nicht leiden. Sagen Sie nichts. Ich weiß, diese Viecher sind völlig harmlos. Aber ich kann sie nun mal nicht ausstehen. Auch wenn sie einfach nur daliegen, blöd gucken und ihre Unterkiefer kreisen lassen.

Sie versperrten mir wieder den Weg. Ich nahm den Umweg, den ich mir für diesen Fall auskundschaftet hatte. Ich krabbelte unter dem Zaun hindurch und ging in großem Bogen über die benachbarte Weide in Richtung Waldrand. Das war zugegebenermaßen etwas anstrengender, aber mir war bedeutend wohler. Lieber nahm ich es auf mich, von den Elektrodrähten einen gewischt zu kriegen als diesen Milchmonstern auch nur zu nahe treten zu müssen.

Oben am Wald führte der Weg immer am Hang entlang. Ein ausgetrampelter Pfad zwar, dafür aber ohne ungebetene Belästigung. Nur bei den beiden verfallenen Katen am *Hüttbach* trieb sich manchmal ein Hund herum. Hund war eigentlich zuviel gesagt. Ein Bastard war es. Ein häßlicher Bastard. Irgend so ein Wichtigtuer. Einmal hatte er sich mir in den Weg gestellt, die Zähne gefletscht und mich mächtig angebellt. Aber so ein Hund kann mich nicht erschüttern. Oder aufhalten. Zwei entschlossene Schritte auf ihn zu, und er suchte das Weite. Heute allerdings ließ er sich nicht blicken. Was mich keineswegs störte. Mit ihm verband mich nichts. Und Sehnsucht hatte ich auch grad nicht nach ihm.

Den unangenehmsten Teil der Strecke hatte ich nun hinter mir, und ich gönnte mir eine Rast. Nicht, daß sie notwendig gewesen wäre. Aber ich kenne da ein hübsches kleines Bänkchen, von dem aus man einen prachtvollen Blick auf die gegenüberliegenden Höhenzüge, die Jugendherberge und den Lagerplatz der Drachenflieger hat. Das ist ein Plätzchen so recht nach meinem Geschmack. Ich döste eine Weile vor mich hin und hätte gewiß auch den Rest des Tages dort aushalten können. Doch der Gedanke an die nassen Käsle lockte mich weiter.

Ich schlug den *Rüttener Höhenweg* ein. Ihn schätze ich besonders. Er ist eben, sauber und ruhig. Und gewöhnlich trifft man hier keine Menschenseele. Gerade das richtige zum Durchatmen. Ich kam gut voran in der vertrauten Umgebung. Besondere Vorkommnisse: keine. Das Brünnele, bei dem ich oft meine zweite Rast einlegte, sprudelte wie eh und je, aus der kleinen Hütte oberhalb von *Muggenbrunn* drang wieder mal Kindergeschrei, und der Rastplatz *Auf der Schanz* lag wie so oft einsam und verlassen da.

Am *Dachsrain* saß einer auf seinem Rucksack. Ein langer hagerer Kerl mit Bart. Er sprach mich an. In einem lausigen Englisch. Ich hatte schon einige Leute auf diesem Paß getroffen, aber noch nie jemanden, der Englisch sprach. Er war Australier, auf einer Wanderung durch Deutschland und suchte den *Belchen*. Ich sagte ihm, daß er völlig falsch sei, nahm die Karte, die er mir entgegenstreckte und beschrieb ihm den Weg. Ein Kinderspiel für mich. Er hätte wahrlich keinen Besseren finden können.

Die Zeit für einen Plausch mit ihm konnte ich mir reinen Gewissens nehmen. Ich war gut in der Zeit. Und nah am Ziel. Schätzungsweise noch drei Kilometer. Ich freute mich schon auf den sonnigen Platz vor dem Holzhaus, sah im Geiste bereits die freundliche Wirtin auf mich zukommen, mir eine große Portion Käsle servierend, und hatte auch schon den herben Geschmack dieser Köstlichkeit im Munde. Nur noch ein unbedeutendes Stück auf einem ganz normalen Waldwirtschaftsweg, bis kurz unterhalb der *Hasbacher Höhe*, dann hinab auf die Freifläche der Alm, ein paar Schritte noch und, hinter einer sanften Biegung, eng an den Bergrücken geduckt, würde auch schon der *Almgasthof* hervorlugen.

Ich weiß nicht, wie es passieren konnte, aber es passierte. Ich fand mich plötzlich in der Siedlung wieder. Nicht, daß ich mich nicht auskannte. Ich war schon mehrere Male durch das Feriendorf gelaufen. Ich wußte genau, wo ich war. Und ich wußte genau, daß ich nicht mehr auf dem Weg zum *Almgasthof* war. Irgendwo mußte ich meinen Weg verfehlt, irgendwo nicht aufgepaßt haben.

So geht's. Ehe man sich versieht, ist alles aus. Ich stieg nach *Aftersteg* hinab. Was sonst? Mein Mißgeschick hätte ich nicht aus der Welt geschafft, wenn ich umgekehrt wäre. Malheur bleibt Malheur. Es ist ehrlicher, zu seinen Irrtümern zu stehen. Und die Konsequenzen zu tragen.

92

Kerle!

Kennt ihr Lutz? Natürlich, werdet ihr sagen, natürlich kennen wir Lutz. Wer kennt Lutz nicht? Aber so meine ich das nicht. Ich meine, kennt ihr Lutz wirklich?

Lutz kommt aus *Lich*, diesem kleinen Ort in Hessen, wo sie dieses Bier brauen. Ihr wißt schon. In *Lich* hat Lutz ein Schuhgeschäft. Hat er mir jedenfalls erzählt. Und er hat mir auch von seiner Vermieterin erzählt, die sich gegen seine Umbaupläne sperrt. Und von Petra hat er mir erzählt, seiner Tochter, und von Ingrid, seiner Frau, und auch von Klaus. Klaus ist Arzt, hat viel Geld, wohnt in der Schweiz und fährt ein teures Auto. Ein sehr teures. „150 000 Mark für ein Auto", sagt Lutz und schüttelt seinen Kopf, „das würde ich nie machen." Darin ist er ganz entschieden. Auch wenn Klaus sein Freund sei. Auch wenn Klaus es war, der Lutz in dieser Klinik untergebracht hat.

Lutz ist ein Bild von einem Mann. Groß, stämmig, mit buschigen Augenbrauen und energischem Blick. Irgendwie erinnert er an Matthias. Aber den kennt ihr vermutlich nicht. Auch Lutz ist weich, mild, ruhig und behäbig, gutmütig und sensibel. Vielleicht ein wenig empfindsamer. In jedem Fall aber grübelt er mehr, und er ärgert sich auch öfter. Am meisten über sich selbst.

Was sei er nur für ein Idiot gewesen, schimpft er immer wieder, mit dreißig habe er angefangen zu rauchen, mit dreißig! Was habe er alles gemacht, immer Sport getrieben, Handball gespielt, Fußball, Tennis und was sonst noch alles, immer Milch getrunken und dann mit dreißig, er kann es selbst am wenigsten fassen, mit dreißig angefangen zu rauchen. Und dann achtzig Zigaretten täglich. Achtzig Zigaretten! Was sei er nur für ein Idiot gewesen.

Jetzt ist Lutz vierundfünfzig. Vor acht Jahren ist er umgekippt. Sie hatten ihn schon aufgegeben, wollten ihn bereits in die Leichenhalle schieben. Nur einer aufmerksamen Krankenschwester ist es zu verdanken, daß Lutz noch lebt. Sie bemerkte als einzige, daß noch Bewegung in ihm war.

Was genau er hatte, weiß Lutz nicht. Das heißt, er weiß es schon. Oder er ahnt es. Zumindest hat er eine Vorstellung davon. Doch kann er sich nicht so ausdrücken, daß ich es gut verstehe. Irgendwas im Kopf, sagt er nur und meint vermutlich eine Gehirnblutung oder so was ähnliches. Oder gar einen Schlaganfall.

Jedenfalls hat er lange Zeit nicht sprechen können, hat wieder ganz von vorn anfangen, Wort für Wort neu lernen und artikulieren müssen. Wie ein kleines Kind. Und als solches fühlt Lutz sich manchmal immer noch. Vor allem, wenn er sich nicht begreiflich machen kann, wenn andere ihn nicht verstehen, nicht verstehen können, weil er ja nicht weniger normal wirkt als sie.

Immer noch hat er Schwierigkeiten mit dem Sprechen. Er ist nach wie vor kaum zu verstehen, spricht unzusammenhängend, bringt Dinge durcheinander. Und viele Worte fallen ihm gar nicht ein. Dann macht er eine Pause, sucht nach dem passenden Wort, und wenn er es nicht findet, wie meistens, dann fordert er mich auf, es zu nennen, indem er den Anfangsbuchstaben vorgibt. Meist komme ich drauf, was er sagen will, manchmal schneller, manchmal weniger schnell, und kann ihm das fehlende Wort zurufen. Dann ist er erleichtert, aber auch ein bißchen traurig, weil er selbst es nicht fertiggebracht hat, er immer und immer wieder auf Hilfe angewiesen ist.

Lutz und ich sitzen abends oft zusammen und trinken unser Bier. Das heißt, Lutz trinkt kein Bier mehr, das haben ihm die Ärzte untersagt, und Lutz hält sich eisern dran. Er trinkt nur noch Wasser. Aber in seiner Vorstellung, in seiner Vorstellung trinkt Lutz Bier. Bestimmt. Wir erwähnen untereinander das Wort Wasser nie. Wenn ich mich mit ihm verabrede, sage ich immer: „Geh'n wir noch ein Bier trinken?" Und er antwortet dann regelmäßig: „Ja", grinst und fügt schelmisch „Aber nur eins" hinzu.

Und dann sitzen wir an der Bar, ich vor meinem Pils, Lutz vor seinem Wasser, und dann erzählt mir wieder all die Geschichten, die ich schon tausendmal gehört habe, dann erzählt er von Petra und Hansi, ihrem Mann, seinem Schwiegersohn, von Ingrid, seiner Frau, von Klaus, seinem Freund, von seinen Pferden, seinem Fußballverein, von *Lich* und all den Orten, in denen er früher gewesen ist und mit denen er irgendwie eine schöne Erinnerung verbindet, von *Düsseldorf* und *Hamburg*, von *Pirmasens* und *Tuttlingen*, von *Riegel* und *Bernau*. Vor allem aber vom *Elsaß*. Das *Elsaß* liebt er über alles. *Colmar, Col del a Schlucht.* Und erst die Wanderwege. Da gebe es Wege, wunderschöne Wanderwege. Kerle, Kerle, was für Wege. Aber herrlich!

Lutz hat vom Leben nicht mehr viel zu erwarten. Das weiß er. Deswegen lebt er vorwiegend in der Vergangenheit. Deswegen erzählt er immer wieder dieselben Geschichten, die Geschichten von früher, die Geschichten aus jener Zeit, da er noch gesund und stark, vor allem aber geistig auf der Höhe war.

Vielleicht kann er überhaupt nur leben, indem er sich ständig in Erinnerung ruft, wie schön es früher gewesen ist. Vielleicht braucht er die Erinnerung an die guten Zeiten wie andere ein gutes Essen. Vielleicht aber gerät ihm die Vergangenheit erst in der Rückschau schön. Vielleicht gerät sie ihm viel schöner als sie wirklich war, um sich selbst und auch anderen nicht eingestehen zu müssen, wie arm er wirklich dran sei. Vielleicht ist alles aber auch ganz anders. Was wissen wir schon?

In der Gegenwart findet sich Lutz nicht zurecht. Die Erwartungen, die an ihn gestellt werden, kann er nicht erfüllen. Er verwechselt rechts und links, hat Mühe, zu zählen, kann kaum lesen, muß Buchstaben für Buchstaben verfolgen wie ein Erstkläßler. Vor allem aber hat

Lutz Angst. Angst vor sich selbst. Er ist davon überzeugt, daß er zu nichts mehr taugt, zu nichts mehr fähig ist, nichts mehr leisten kann, alles falsch macht. Er traut sich nichts mehr zu. Selbst die einfachsten Dinge nicht.

Er traut sich nicht einmal zu, für Christa und ihren Mann, die ihn am Wochenende besuchen wollen, ein Hotelzimmer zu reservieren. Er will, daß ich es tue. Er wisse ja gar nicht, was er am Telefon sagen solle, er wisse gar nicht, was für ein Zimmer er nehmen solle, er kenne sich doch gar nicht aus. Und wenn die am Telefon fragen sollten, wisse er doch gar nicht, was er sagen solle, und wenn er dann etwas sage, sage er bestimmt das Falsche. Er wisse doch, was los sei. Er kenne sich doch.

So ist Lutz. Natürlich hat er Glück gehabt. Dusel, wie man auch sagt. Natürlich freut er sich, daß er noch am Leben ist. Daß er noch sprechen kann. Daß ich ihm zuhöre. Und dann erzählt er wieder seine Geschichten, erzählt von Ingrid, von Petra und Hansi, von Klaus, von Christa, die ihn abholen wird, von seinen Pferden, von *Lich* und seinem Fußballverein, all die Geschichten, die ich schon einmal, zweimal, dreimal, zehnmal, tausendmal gehört habe, und doch höre ich ihm wieder zu, und ich sehe wie er auflebt, weil ihm jemand zuhört, weil ihn niemand auslacht, weil er ein wenig Verständnis findet.

So, jetzt kennt ihr Lutz wirklich. Und wenn ihr ihm begegnet, seid nachsichtig. Er ist krank, auch wenn er nicht wirklich krank aussieht. Und er kann nicht so wie ein

Gesunder, auch wenn er wie ein Gesunder aussieht. Keiner bedauert das mehr als Lutz selbst. Aber er gibt sein Bestes. Und dafür kann er verdammt nochmal verlangen, ernst genommen zu werden.

94

Sportskanone

Das war nichts. Das war absolut nichts. Das war Unfug, worauf sich Lutz und ich da eingelassen haben, schlicht Unfug. Lutz ist kein Vorwurf zu machen. Er ist krank, überblickt die Folgen seiner Handlungen nicht. Er meint es gut. Aber ich, ich hätte die Gefahr erkennen müssen. Doch ich dachte nicht groß nach. Ich machte mir so gut wie keine Gedanken. Das ist unverzeihlich, ich weiß. Aber so ist es oft. Man fühlt sich gut, denkt an nichts Böses, und schon schleicht es sich ein, das Unheil.

Ich weiß nicht mehr genau, wie alles anfing. Es begann wohl damit, daß mich Lutz nach dem Frühstück ansprach, Peter und er wollten mit dem Bus auf den *Kandel* und zu Fuß wieder zur Klinik zurück. Ob ich nicht Lust hätte, mitzukommen. Hatte ich. Mir gefiel die Idee, doch ich sagte ab, weil ich meine Frau erwartete. Unsere kleine Tochter wollte gern noch die Enten füttern, bevor es heimging. Dann jedoch stellte sich heraus, daß Lutz und Peter erst mit dem Mittagsbus fahren wollten, und ich sagte doch noch zu. Bis dahin wären Frau und Kind längst weg.

An der Bushaltestelle empfing mich Lutz mit einem seiner schwer erträglichen Redeschwälle. Wie immer nuschelte er. Er kann nichts dazu, ich weiß. Es gab eine Zeit, da vermochte er gar keine Laute zu formen. Es war ein hartes Stück Arbeit für ihn gewesen, dahin zu gelangen, wo er jetzt war. Immerhin konnte er wieder reden. Doch wer nicht an ihn gewöhnt war, hatte Mühe, ihm zu folgen. Und mußte verdammt aufpassen. Dem, was er mir entgegen schleuderte, entnahm ich, daß Peter nun doch nicht mitkomme, weil er sich kurzfristig entschlossen habe, nach *Triberg* zu fahren, um da jemanden zu treffen. Irgendwie ging es um Briefmarken.

Ich muß zugeben, daß Briefmarken mich nicht die Bohne interessieren. Vielleicht war es das Wort Briefmarken. Vielleicht auch nur Lutz' unerschöpflicher Worterguß. Vielleicht aber stimmte mich einfach nur dieser herrliche Morgen unbedenklich. Es war Sonntag. Die Sonne brannte. Mir stand der Sinn gewiß nicht nach Geschichten. Ich wollte den Tag genießen. Und schenkte Lutz nicht die Aufmerksamkeit, die ich ihm gewöhnlich zuteil werden ließ. Was ich wissen mußte, wußte ich: Peter kam nicht mit. Was interessierten mich Gründe? Und was interessierte mich irgendein Dritter, über den Lutz zu faseln begann?

Jemand kam auf uns zu. Er schnatterte sofort los. Das habe er ja nicht ahnen können, daß man sich an der Haltestelle habe treffen wollen, er habe oben am Eingang der Klinik gewartet. Ich überließ es Lutz, zu antworten. Schließlich hatte er den Typ angeschleppt. Nicht ich. Ich kannte das Männchen auch gar nicht. Jedenfalls nicht eigentlich. Wohl war ich ihm ein paarmal über den Weg gelaufen. Oder es mir. Nichts weiter. Aber es handelte sich allem Anschein nach um jenen Vogel, der sonst immer in diesem todschicken Jogginganzug mit dem beeindruckenden Schriftzug eines Sportvereins, irgendeines TSV sowieso, rumrannte.

In Zivil war er nicht wiederzuerkennen. Eierschalenfarbenes Hemd, scharf gebügelte Hose, offene Sandalen und am Gelenk baumelte eine dieser längst aus der Mode gekommenen Herrenhandtaschen. Nappaleder. Sie wissen schon. Das war weit entfernt davon, elegant zu wirken. Und hielt auch keinem Vergleich mit dem Jogginganzug stand. Schon gar nicht war es die Aufmachung für eine Bergwanderung. Nicht, daß mir das nicht auffiel. Ich dachte mir nur nichts dabei. Immerhin war Sonntag.

Der Bus hatte Verspätung. Vier oder fünf Minuten vielleicht. Oder sechs. Was weiß ich. Ich nehme es darin nicht so genau. Schaue auch nicht ständig auf die Uhr. Erst recht nicht an einem schönen sonnigen Sonntagmorgen. Auch Lutz hält sich mit solchen Lappalien nicht auf. Anders unser Handtaschenmännchen. Aufgeregt lief es auf und ab, verglich abwechselnd Uhrzeit und Fahrplan und schaute immer wieder angestrengt in die Richtung, aus der der Bus kommen mußte, ganz so, als könne er ihn herbeisehen. Mir war das wurscht. Mochte der Knabe nur glücklich werden dabei.

Der Bus war anständig besetzt. Wir fanden Plätze erst sehr weit hinten. Lutz und mir war das ziemlich schnuppe. Wir saßen, und damit war es gut. Schließlich machten wir keine Weltreise. Nur unsere Sportskanone versetzte sich in helle Aufregung. Irgendwie ging es ihr darum, daß sie viel lieber weiter vorn gesessen hätte, hinten schaukele es immer so, und das bekomme ihr in der

Regel gar nicht. Lutz und ich schwiegen. Was hätten wir auch sagen sollen? Was nicht geht, geht nicht.

Ich schätze Nörgler überhaupt nicht. Und Erfahrung hatte mich gelehrt, Wichtigtuereien besser mit Nichtbeachtung zu quittieren. Also schwieg ich, als er den Fahrpreis verdammte. Viel zu hoch. Und ich schwieg auch, als er sich über den Fahrer hermachte, der ihm den viel zu hohen Fahrpreis abverlangt hatte. Halsabschneider. Doch als er wenig später immer noch nicht Ruhe geben mochte und wie ein kleines Kind zu maulen begann, wann wir denn endlich oben seien, wir müßten doch schon längst oben sein, riskierte ich Widerspruch. Solange er noch Bäume sehe, sagte ich, solange seien wir noch nicht oben. Aber die Bemerkung hätte ich mir sparen können. Argumenten war der Knilch erst recht nicht zugänglich.

Oben angelangt, verschwand er schnurstracks in einem dieser schrecklichen Andenkenlädchen. Ohne uns etwas davon zu sagen. Plötzlich war er weg. Lutz und ich waren sprachlos. Ließ der Vogel uns einfach allein und ins Leere laufen. Und als er wieder auftauchte, nach schätzungsweise zehn Minuten oder fünfzehn, hatte er nur mitzuteilen, daß er Ansichtskarten gesucht habe, aber alles nur Schrott sei, was die da führten. Wir hätten kurzen Prozeß machen, ihn in den nächsten Bus setzen und ihn wieder heimschicken sollen. Das wäre das einzig Richtige gewesen.

Spätestens als er Schwierigkeiten bekam mit den paar Metern zum Gipfel, wäre es Zeit gewesen, umzukehren. Aber so etwas kam uns gar nicht in den Sinn. Wirklich nicht. Traurig aber wahr, der Kerl schnaufte, kriegte einen roten Kopf, blieb immer und immer wieder stehen, klagte über Druck in der Brust, aber wir machten uns keinerlei Gedanken. Lutz sowieso nicht. Der stapfte wie immer vorne weg. In seinem ureigenen Tempo. Wie eine Maschine. Und ich, ich dachte nur, daß nach ein paar Metern ja der Abstieg komme. Wozu also Sorgen machen?

Wir hielten uns nicht lange auf dem Gipfel auf. Grad, daß sich unser Sportsmann verschnaufen konnte. Lutz nutzte die Pause, um auf das Aussichtstürmchen zu klettern, war aber von dem, was sich ihm darbot, enttäuscht. Offensichtlich hatte er sich mehr versprochen, wenngleich er nicht sagte, was. So machten wir uns an den Abstieg, stillschweigend und nicht ahnend, daß er geradewegs in die Katastrophe zu führen drohte.

Der Pfad war holprig, felsig und steil. Aber nicht unangenehm zu gehen. Jedenfalls nicht für Lutz und mich. Bei unserem Wandervogel waren wir nicht so sicher. Mehrmals erkundigten wir uns bei ihm, ob er auch gut laufen könne, vor allem in seinen Sandalen, ob ihm der Weg nicht allzusehr zu schaffen mache. Und wir warnten ihn stets vor allzu scharfen Ecken und Kanten, schlüpfrigen Steinen, knorrigen Wurzeln. Seine Antwort

– vielleicht ahnen Sie es – war stets dieselbe. Groß-
spurig winkte er ab, alles bestens.

Wir merkten bald, daß er Mühe hatte, Schritt zu halten
und nahmen ihn in die Mitte. Lutz schickte mich voran.
Er wußte, daß ich mich gut zu orientieren verstand. Er
selbst blieb hinten, weil es ihm dadurch unmöglich wur-
de, uns davonzurennen. Und unseren Sportsfreund hat-
ten wir auf diese Weise immer im Griff. Er hielt sich
wacker, das muß man sagen, tat höchst vergnügt und
quasselte ununterbrochen. Nichts von Bedeutung. Be-
langlose Anekdötchen, Geschichtchen, die niemanden
interessieren. Oder möchte jemand seine Abenteuer in
Frankreich hören, als er auf Montage in *Colmar* war,
diesem Dreckloch?

Obwohl ich sicherlich kein allzu starkes Tempo vorleg-
te, mußte ich nun hin und wieder meinen Schritt ver-
langsamen, weil unser Plappermaul mehr und mehr zu-
rückfiel. Und als ich gelegentlich stehen blieb, um ihn
aufrücken zu lassen, war sage und schreibe er es, der
mich zum Weitergehen mahnte. Nur nicht schlappma-
chen! Auch als Lutz und ich am *Kandelfelsen* eine kurze
Rast einzulegen gedachten, um den schönen Ausblick in
die Rheinebene zu genießen, war er es, der uns voran-
trieb. Keine Müdigkeit vorschützen, noch sei nicht aller
Tage Abend! Als ob wir seine hohlen Phrasen nötig hat-
ten! Bis zum Abendessen war noch genügend Zeit, die
Strecke zweimal zu schaffen.

Der *Damenpfad* fiel nun ziemlich sanft von Wirtschafts-
weg zu Wirtschaftsweg und war gut zu gehen. Unser
Begleiter jedoch bekam zusehends Mühe. Seine Schritte
wurden schwerer, immer öfter rang er nach Atem, und
sein Mitteilungsdrang erlahmte. Wir mahnten ihn zur
Vorsicht. Es bestehe kein Grund zur Eile, er solle nur
genügend Pausen einlegen, vor allem ruhig und gleich-
mäßig weitergehen. Nichts anderes mache er doch, jam-
merte er, schließlich sei er es ja nicht gewesen, der den
Weg ausgesucht habe. Wie habe er auch ahnen sollen,
daß der Weg so lang sei, vor allem, daß er ständig berg-
ab führe. Dieses ständige Bergab, das gehe ja so in die
Knochen! Ich verkniff mir die Bemerkung, daß vom
Gipfel herab es wohl nur selten bergauf gehe.

Immer kleinlauter wurde er nun und sagte kaum noch et-
was. Die wenigen Worte, die er noch herausließ, galten
allein dem Weg. Es war der Weg, der Weg und noch-
mals der Weg, dem er die Schuld an seinem Zustand
gab. Nichts sehnte er sich so herbei wie sein Ende. Im-
mer wieder die verständnislose Frage, wann wir denn
endlich unten seien. Meinen Hinweis, daß wir noch eine
gute Strecke Wegs vor uns hätten, schließlich seien sie-
benhundert Meter Höhenunterschied zu überwinden,
nahm er nicht zur Kenntnis. Er beharrte auf seiner Mei-
nung, wir müßten bald unten sein. Wenig später war er
sicher, daß wir schon längst hätten unten sein müssen,
und noch eine Weile später verstieg er sich zu der Auf-
fassung, daß wir sicher dem falschen Weg folgten.

Immer häufiger klagte er nun über Kribbeln in den Armen, und immer häufiger blieben wir stehen. Die Abstände zwischen den Pausen wurden immer kürzer, sie selbst immer länger. Schließlich konnte er kaum noch hundert Meter gehen, ohne sich ein wenig *Nitrospray* in den Rachen zu spritzen. Ob es Weitsicht war oder doch schlicht Gewohnheit, es wäre müßig, darüber nachzudenken. Er hatte das kleine rote Fläschchen dabei. Nur das zählte. Es rettete ihm vermutlich das Leben und uns, uns ersparte es eine Menge, na sagen wir mal, Unannehmlichkeiten.

Es wurde ein langer Abstieg vom *Kandel*. Lang und unerfreulich. So hatten sich Lutz und ich das nicht vorgestellt. Sofern wir uns überhaupt etwas vorgestellt hatten. Wir waren den Tag recht unbeschwert angegangen, unbeschwert und unbekümmert. Erst allmählich dämmerte uns, was wir uns aufgeladen hatten, welche Last wir mit uns schleppten, welch' schwere und vollkommen überflüssige Last. Und wie leicht wir den ganzen Schlamassel, in dem wir steckten, hätten vermeiden können. Nur ein paar Fragen. Aber jetzt war es zu spät, das alles zu bedenken. Und nutzlos. Gedanken muß man sich machen, wenn es notwendig ist. Nicht, wenn man seinen Fehler erkennt. Dann hilft meist nur noch Beten.

Ich weiß nicht, wie es uns gelang, ihn heil nach unten zu kriegen. Ich weiß nur, daß Lutz und ich Angst hatten, Angst, der Kerl könne uns umkippen, mitten im Wald, fernab von jeder ärztlichen Hilfe. Wir taten alles, um die

Belastung für unseren Wandervogel so gering wie möglich zu halten. Wir trieben ihn nicht an. Wir gönnten ihm jede Pause. Wir saßen immer wieder längere Zeit auf verschiedenen Bänken oder Baumstümpfen. Wir übereilten nichts. Wir ließen uns Zeit. Und hatten nur eins im Sinn: runter, runter vom Berg, raus aus dem Wald. Egal wie.

Und dann kam tatsächlich der erlösende Moment. Gedämpft drangen plötzlich Fahrgeräusche zu uns empor. Die Kandelstraße. Ein tonnenschwerer Stein fiel uns vom Herzen. Wenig später kam auch das *Gasthaus Altersbach* in Sicht. Wir waren wieder unter Menschen, wieder in der Nähe eines Telefons, wieder für einen Rettungswagen erreichbar. Aber verdammt mulmig war uns immer noch.

Eine Leuchte war der Sandalenmann an unserer Seite gewiß nicht. Das hatte ich inzwischen begriffen. Und Lutz vermutlich auch. Aber jetzt offenbarte sich, welch' ausgemachten Hornochsen wir die ganze Zeit an unserer Seite mitgeführt hatten, Für die Situation des Augenblicks hatte unsere Sportskanone nicht das geringste Gespür. Er tat, als sei nichts geschehen. Vielleicht tat er auch gar nicht so, vielleicht war ja aus seiner Sicht auch gar nichts geschehen. Ich glaub', ich sauf' ein Bier, strahlte er, kaum im Wirtshaus angelangt.

Was zuviel ist, ist zuviel. Ich hatte genug. Meinetwegen trink' ein Bier, sagte ich, aber wenn Du glaubst, daß ich noch einen Schritt mit Dir gehe, hast du dich schwer getäuscht. Und zu Lutz sagte ich, komm' Lutz, trink aus, wir gehen. Lutz versuchte, mich zu halten. Das kannst Du doch nicht machen, sagte er. Ich gehe jetzt zur Klinik zurück, sagte ich, mit Dir oder ohne Dich, ganz wie Du willst.

Lutz folgte mir. Ich wußte, daß er mit mir gehen würde. Das kannst Du nicht machen, sagte er noch einmal. Hör' zu, sagte ich, hör' gut zu, wir haben eine Riesendummheit gemacht, laß' uns nicht noch eine zweite begehen. Wer so viel Verantwortung zeigt wie er, kann auch die Verantwortung für den Rückweg übernehmen. Es fährt ein Bus, der Wirt fährt ihn auch, wenn er ihn bittet, er kommt zur Klinik zurück, keine Bange. Ich jedenfalls, sagte ich, betrete mit dem alkoholisierten Knaben nicht die Klinik.

Wie er zurückgekommen ist, weiß ich nicht. Es hat mich auch nicht interessiert. Auf Anordnung der Ärzte hat er angeblich zwei Tage sein Zimmer nicht verlassen dürfen. Wegen Überanstrengung. Es war ihm untersagt gewesen, den Klinikbereich zu verlassen. Gewußt hatten wir das nicht. Aber begriffen, daß Gleichgültigkeit ihren Preis fordert.

94

Sechzehntonner

Spätestens als der Sechzehntonner vor dem Haus stand, dachte ich an Abreise. Ende des Sommers war ich für ein paar Tage nach *Heuweiler* gefahren. Zum Ausspannen. Das kann man zugegebenermaßen sehr gut in *Heuweiler*. Zumindest ich. Ich schätze, Sie kennen *Heuweiler* nicht. Das ist gut so und sollte, wenn es nach mir ginge, auch so bleiben.

Ich verrate aber nichts, wenn ich sage, *Heuweiler* liegt am Eingang des *Glottertals* und ist der Ort, den man in der Regel rechts liegen läßt, wenn man von der Rheinebene ins *Glottertal* fährt. Nur eine Straße führt in den Ort, und die verläuft sich nach ein paar Kilometern im Wald. Es gibt nur diese eine Zufahrt. Wer sie nicht kennt, verfehlt sie leicht, weil die Hinweistafel sehr versteckt ist und schnell übersehen wird. Kurz und gut: Nach *Heuweiler* verirrt sich selten ein Fremder. Nicht einmal ein Sechzehntonner. Dachte ich.

Gleich nach meiner Ankunft fiel mir auf, wie sehr in dem Ort gebaut wurde. Ich zählte auf Anhieb elf Baustellen, ohne daß ich behaupten wollte, den vollen Überblick besessen zu haben. Auch vor meiner Wohnung wurde gebaut. Gleich nebenan stand der Rohbau eines neuen Hauses, und davor war die Straße aufgerissen. Kanalisationsarbeiten oder so etwas. Danach sah es jedenfalls aus. Genaugenommen waren also zwei Baustellen vor meinem Haus.

Anderntags regnete es, und bei zufälligem Blick aus dem Fenster registrierte ich, daß die Straßenbauarbeiten trotzdem zugange waren. Zwei Arbeiter, ein junger mit langen Haaren und Schnauzbart und ein älterer Ausländer, vermutlich Türke, hatten neben dem Gehweg einen flachen Graben gezogen, in dem im Abstand von schätzungsweise einem Meter Stahlstangen in den Boden gestoßen waren, an denen eine Schnur befestigt war. Das sah eigentlich weniger nach Kanalisationsarbeiten aus.

Der jüngere der beiden betätigte im Graben eine Rüttelplatte, während der Ältere trockene Kies-Zement-Mischung in eine Schubkarre schaufelte, die gefüllt er dann an den Rand des Grabens führte. Anschließend kippte er den Inhalt seitwärts in den Graben, kehrte dorthin zurück, woher er gekommen war, füllte die Karre erneut und schob sie wieder zum Graben.

Ich hatte keineswegs vorgehabt, die beiden zu beobachten, konnte jedoch, je länger ich zusah, meine Blicke immer weniger von ihnen losreißen. Es war unspektakulär, was sie taten, doch wie sie es taten, beeindruckte mich. Ruhig und zwangsläufig wie ein Uhrwerk verrichteten sie ihre Arbeit. Ihre Bewegungen verrieten Routine und Erfahrung. Den Regen schienen sie gar nicht wahrzunehmen. Nässe und Kälte konnten ihnen nichts anhaben. Ich begriff, daß es für sie nur ihre Arbeit war, die zählte.

Später setzen sie Bordsteine, die sie von einem Platz herbeitrugen, den ich nicht einsehen konnte. Zunächst legten sie die Steine einzeln längs des Grabens ab. Dann wuchteten sie einen jeden hinein, und während der eine Arbeiter den Stand korrigierte, ihn an der Schnur ausrichtete und hin und wieder mit einem Gummihammer nachhalf, warf der andere mit einem gekonntem Schaufelschwung Kies-Zement-Mischung an die Rückseite der Bordsteine.

Am nächsten Morgen stand der Sechzehntonner da. Direkt vor dem Haus. Abgestellt auf der Baustelle. Auf den frisch gesetzten Bordsteinen, die nun eingedrückt, teilweise herausgebrochen, teilweise auch nach hinten weggekippt waren. Es regnete immer noch in Strömen. Von den beiden Arbeitern keine Spur.

Als ich später vom Einkaufen zurückkehrte, stand ein Polizeiwagen gegenüber. Der ältere Ausländer, der gestern die Schubkarre bewegt und mit dem Gummihammer die Bordsteine auf gleiche Höhe gebracht hatte, gestikulierte mit einem jungen Polizisten. Dieser hatte ein Notizbuch in der Hand und tat gelangweilt. Der Alte schien aufgeregt und zeigte immer wieder auf den Sechzehntonner und die herausgebrochenen Steine.

Ich hörte kein Wort, aber ich wußte genau, was die Akteure miteinander ausfochten. Es war dies eine jener Situationen, in der der objektive Sachverhalt längst nicht alles auszusagen vermochte. Der Polizist, der tags zuvor nicht anwesend gewesen war, sah folgerichtig nur die herausgebrochenen Steine und zuckte mit den Schultern.

Er wußte, welche Schwierigkeiten der Fahrer in dem engen Ort gehabt haben musste. Und er wußte auch, daß der Fahrer sein Fahrzeug über Nacht irgendwo hatte abstellen müssen, und sei es um den Preis herausgebrochener Steine. Die ließen sich schließlich erneuern.

Für den Alten aber ging es um mehr. Er sah sich um seine Arbeit betrogen. Er und sein Kumpel hatten sich reingekniet in ihre Arbeit, sich jede erdenkliche Mühe gegeben, waren sorgfältig und gründlich vorgegangen, und kein noch so heftiger Regen hatte sie von ihrem Tun abhalten können. Es brauchte nur ein wenig Unaufmerksamkeit, ein wenig Gedankenlosigkeit, und alles war dahin, ihr Werk zerstört. Niemand, der es nicht gesehen hatte, wird Verständnis für den am Boden zerstörten Alten aufbringen können. Es sind oft die unsichtbaren Dinge, die zählen.

95

Ilse und das Auto

Ilse ist ein prima Kerl. Wir kommen gut miteinander zurecht. Und können über alles reden. Vor allem dann, wenn Ilse gut aufgelegt ist. Und ich nicht gerade über Autos rede. Gegen Autos hat Ilse was. Was das ist, das weiß ich nicht. Und wahrscheinlich weiß nicht einmal sie es. Aber sie besteht nun einmal darauf. Sie hat was gegen Autos.

Eigentlich, schimpfte Ilse, als wir wieder einmal beieinander saßen, eigentlich ist so ein Auto doch eine ziemlich üble Angelegenheit. Ich kenne Ilse lange genug. Und ich weiß, daß sie es mit ihrer Ausdrucksweise nicht immer so genau nimmt. Das darf man ihr nicht nachtragen. Allerdings darf man sie auch nicht belehren. Ich verzichtete deshalb auf den nicht ganz unberechtigten Hinweis, daß ein Auto gewiß alles Mögliche sei, nur ganz bestimmt keine Angelegenheit.

Was an einem Auto denn so übel sei, fragte ich statt dessen und bot Ilse ein Bier an. Ilse trinkt gern Bier. Sehr sogar. Genau wie ich. Ich trinke auch gern Bier. Deswegen komme ich auch gut mit Ilse aus. Weil wir beide gern Bier trinken. Doch nicht nur deswegen. Autos töten Menschen, antwortete Ilse scharf und riß mir die Dose aus der Hand. Das sei das Üble an ihnen.

Ach tatsächlich, fragte ich belustigt, das sei mir aber völlig neu. Und nahm selbst einen Schluck aus der Dose. Ob ich vergessen habe, was Jo passiert sei, schalt Ilse mich. Jo war ihr jüngerer Bruder. Vor einem Jahr war er von einem Lastwagen erfaßt und überrollt worden. Auf der Stelle tot. Nein, antwortete ich, ich wisse sehr wohl, was ihm passiert sei.

Na bitte, triumphierte sie. Sie habe es doch gesagt. Jo könne noch leben, wenn es keine Autos geben würde. Das habe sie nicht gesagt, wandte ich ein. Gesagt habe sie vielmehr, Autos töteten Menschen. Aber Jo sei doch von einem Auto getötet worden. Ilse blickte mich verständnislos an. Sei der Lastwagen denn etwa kein Auto?

Doch, gab ich ihr Recht, der Lastwagen sei sehr wohl ein Auto. Nur sei es nicht der Lastwagen gewesen, der Jo getötet habe. Ich machte eine Pause. Der Lastwagen sei doch völlig unschuldig, schob ich nach. Ilse sah mich verdutzt an. Der Lastwagen habe Jo getötet, sagte sie dann langsam, jedes Wort betonend, Jo sei überfahren worden, ob ich das vergessen habe. Das, erwiderte ich, sei richtig, Jo sei überfahren worden, aber die Tatsache, daß er überfahren worden sei, heiße doch noch lange nicht, daß der Lastwagen Jo getötet habe.

Lebe Jo denn noch, fragte Ilse spitz. Nein, sagte ich ruhig, ich wisse ebensogut wie sie, daß Jo nicht mehr lebe. Natürlich lebe er nicht mehr, schrie Ilse schrill, denn ein Lastwagen habe ihn getötet. Nein, sagte ich, ein Lastwagen habe ihn nicht getötet, denn ein Lastwagen könne nicht töten. Kein Lastwagen könne das. Kein Auto töte. Ebensowenig wie ein Messer, ein Beil oder eine Pistole. Ich machte eine Pause, um Ilses Reaktion zu prüfen. Sie zeigte keine, und ich sagte, es sei nun einmal so, daß Dinge nicht töten könnten.

Ich sah deutlich, daß sie mir nicht folgen konnte. Lange sagte sie nichts. Dann riß sie plötzlich die Hände in die Luft und rief, was sei ich doch für ein Schlaumeier. Dinge töteten nicht, sage ich, nun sei aber Jo erwiesenermaßen von einem Lastwagen überrollt worden, und erwiesenermaßen gelte ein Lastwagen als Ding, und da käme nun ich daher, ausgerechnet ich Schlaumeier, und wolle ihr weismachen, daß Dinge nicht töten könnten. Ob ich nicht bei Trost sei.

Ich lachte. Dinge töteten nicht, weil Dinge überhaupt nichts täten, weder töten, noch sonst etwas. Dinge seien einfach nur Dinge. Ich machte eine Pause, um Ilse Gelegenheit zur Erwiderung zu geben, dann fuhr ich fort, auch ein Lastwagen tue nichts, er tue solange nichts, solange er nicht benutzt werde. Benutzt werde, fragte Ilse, benutzt werde wozu. Zum Fahren, antwortete ich, das sei schließlich der Zweck eines Fahrzeugs, es zum Fahren zu verwenden. Ilse überlegte. Dann sagte sie kaum hörbar, der Lastwagen, der Jo überrollt habe, sei gefahren. Er sei gefahren, betonte sie.

Nein, das sei er nicht, antwortete ich, er sei nicht gefahren, er sei gefahren worden. Ich sah, daß ich Ilse nun vollständig verwirrt hatte. Das sei doch Haarspalterei, wehrte sie verächtlich ab, das sei doch reine Haarspalterei. Zugegeben, lenkte ich ein, das klinge wirklich sehr nach Haarspalterei, sei aber in der Tat genau der Unterschied, auf den es ankomme. Ob ich ihr das wohl ein bißchen genauer erklären könne, fragte Ilse.

Gern, sagte ich, es sei doch ganz einfach. Von allein tue der Lastwagen nämlich nichts, er tue nur dann etwas, wenn er von jemanden dazu gebracht werde, jemand müsse ihn beispielsweise starten, jemand müsse Gas geben, und jemand müsse bremsen, erst dann tue der Lastwagen etwas, aber er tue es nicht von selbst, das sei die wesentliche Erkenntnis. Alles was der Lastwagen tue, tue er nach den Vorgaben des Fahrers. In Ilse arbeitete es, das war unübersehbar. Ich ließ ihr Zeit.

Na schön, sagte sie dann plötzlich, selbst wenn ich Schlaumeier nun Recht hätte, käme es ja wohl auf dasselbe raus. Jo sei tot. Das sei richtig, sagte ich, es komme auf dasselbe raus. Ilse machte eine hilflose Geste. Jedenfalls sei es besser, wenn es keine Autos gäbe, sagte sie dann. Ich überlegte, ob ich es damit bewenden lassen oder die Diskussion fortsetzen sollte. Dann schob ich eine neue Argumentation nach. Auch wenn es keinen Lastwagen gegeben hätte, sagte ich bedeutungsvoll, hieße das noch lange nicht, daß Jo jetzt noch lebte. Ich machte wieder eine Pause. Andererseits könnte Jo sehr wohl noch leben, obwohl es Lastwagen gibt.

Ilse war offensichtlich verwirrt. Verständnislos sah sie mich an. Paß auf, sagte ich. Aus der Annahme, daß es keine Autos gäbe, lasse sich nicht folgern, daß Jo noch

94

leben müsse. Vielleicht würde er das. Vielleicht würde er das wirklich. Vielleicht aber auch nicht, weil ihm etwas anderes passiert wäre. Vielleicht, weil ihm der berühmte Blumentopf auf den Kopf gefallen wäre, fragte Ilse spitz. Vielleicht, sagte ich, vielleicht, weil ihm der berühmte Blumentopf auf den Kopf gefallen wäre.

Ilse rang nach Luft. Du spinnst, sagte sie. Ich lachte. Ja, sagte ich, ich habe in der Tat gesponnen. Immerhin wäre es doch möglich, wenn auch nicht gerade wahrscheinlich. Andererseits wäre es auch möglich, daß Jo noch lebte. Dann nämlich, wenn es Autos zwar gäbe, aber niemand sie führe. Auch das sei möglich, wenngleich ebenfalls nicht sehr wahrscheinlich.

Du spinnst, sagte Ilse erneut. Warum sollte niemand Auto fahren, wenn es sie gäbe? Autos seien schließlich zum Fahren da. Wozu sonst. Da habe sie ausnahmsweise mal etwas Richtiges gesagt, sagte ich. Autos seien in der Tat zum Fahren da. Ich schaute sie an. Und nicht zum Töten.

80

Der Fahrradfahrer und der Autofahrer

Der Erich, mein etwas unbedarfter Nachbar im Klein-
gärtnerverein, erzählte mir gestern abend, so von Zaun
zu Zaun, er habe sich ein neues Auto gekauft, einen Ja-
paner, wie er stolz hinzufügte. Wieso er denn ausgerech-
net ein Auto gekauft habe, begehrte ich zu wissen, ein
Auto sei doch gar nicht mehr zeitgemäß. Doch er winkte
nur ab. Ohne Auto, sagte er dann, komme doch heutzu-
tage keiner mehr weit.

Unsinn, protestierte ich, ein schickes Fahrrad tue es
doch auch. Bitte, fragte er spitz, als ob er nicht verstan-
den habe. Ein Fahrrad tue es auch wiederholte ich, und
da ich merkte, daß er mir noch immer nicht glauben
mochte, sagte ich, nun schon ein wenig provokativ, ich
hätte mir ein neues Fahrrad gekauft, ein französisches.
Dort drüben, und ich zeigte zum anderen Ende des Zau-
nes, stehe es.

Er schaute, immer noch ungläubig, den Zaun entlang
und schritt dann geradewegs auf mein neues blitzblankes
Gefährt zu. Das, staunte er, solle ein Fahrrad sein? Ge-
wiß, entgegnete ich belustigt. Aber es sehe so merkwür-
dig aus, gar nicht nach Fahrrad, wunderte sich der Erich,
so unfertig. Das sei aber ein richtiges Fahrrad, entgegne-
te ich bestimmt.

Das könne ich ihm nicht erzählen, sagte er, er sehe zwar
zwei Räder, das stimme schon, aber ein Fahrrad sei das
ganz bestimmt nicht. Und was gebe ihm den Anlaß zu
der Vermutung, das sei kein Fahrrad, fragte ich. Nun,

begann der Erich, zunächst einmal sehe er keine Schutz-
bleche, auch keinen Gepäckträger, eine Lampe vorn feh-
le auch. Das habe er schon gut beobachtet, gab ich un-
umwunden zu, heutige Fahrräder seien bereits ohne die-
se lästigen Teile zu bekommen.

Ach wirklich, fragte er verwirrt. Dann beugte er sich
vor, zeigte mit einem Finger auf das Hinterrad und frag-
te, warum dort an der Nabe so viele Kettenkränze seien.
Das sei die Gangschaltung, antwortete ich. Gangschal-
tung, fragte er, eine Gangschaltung am Fahrrad? Ja, sag-
te ich lachend, die habe sogar fünf Gänge. Fünf Gänge,
fragte er verwirrt, das könne nicht sein, nur sein Japaner
habe fünf Gänge, ich möchte doch bitte aufhören, ihn
auf den Arm nehmen zu wollen.

Ich nähme ihn nicht auf den Arm, sagte ich, er solle ein-
mal, und dabei deutete ich auf den Rahmen, diesen
Schalthebel betätigen. Das ließ sich der Erich aber nicht
zweimal sagen. Jaaaaa, sagte er dann gedehnt, er habe
doch gewußt, daß ich ihn auf den Arm nehmen wolle,
denn der Rückwärtsgang, der fehle ja wohl. Doch bevor
ich antworten konnte, fuhr er schon fort. Servolenkung,
eine Klimaanlage gar, werde das Rad wohl auch nicht
haben. Nein, gab ich kleinlaut zu, das sei schließlich im-
mer noch kein Auto, sondern ein schlichtes Fahrrad.

Nie im Leben sei das ein Fahrrad, behauptete er freiweg
und begann auch gleich, mir einen Vortrag zu halten. Er
habe zwar schon einige Jahre auf dem Buckel, belehrte

er mich, aber ein Fahrrad könne er allemal noch erkennen. Zunächst einmal habe es schwarz zu sein und nicht so metallisch glänzend. Und die Lenkstange, sofern man überhaupt bei einem Rad von einer Lenkstange reden könne, habe leicht nach hinten geschwungen zu sein, nicht etwa nach unten, die erlaube nie und nimmer ein aufrechtes Sitzen. Und schließlich habe der Rahmen aus Stahlrohr gefertigt und sorgfältig verschweißt zu sein.

Moment mal, unterbrach ich Erichs Vortrag, die Verarbeitung sei erstklassig, das Rad sei handgefertigt. Der Schock saß wohl sehr tief, denn er schaute mich nur fragend an. Ich wiederholte, das sei wirklich ein handgefertigtes Rad, leicht, aber stabil. Handgefertigt, fragte er fassungslos, ja was koste denn das? Etwa dreitausend Mark, antwortete ich stolz. Was, schrie er, dreitausend Mark für ein Rad ohne Schutzbleche, ohne Lampe, ohne Gepäckträger?

Erich schnappte nach Luft. Er verstand die Welt nicht mehr. Also, begann er dann nach einer Pause, wenn er sich je wieder ein Rad zulegen würde, er würde es nicht, aber angenommen, er würde, dann nur so ein schönes schwarzes einfaches Rad, so eins, wie er es früher einmal besessen habe, ein *Miele*-Rad, wie er gewichtig hinzufügte.

Die Zeit sei vorbei, antwortete ich. *Miele* baue inzwischen keine Räder mehr. Aber es gebe sie noch, behauptete er fest, drehte sich um und ließ mich und mein

Peugeot-Rad allein. Ich nahm es vom Zaun und schob es zur Laube.

Irgendwie kann ich den Erich ja verstehen. Wenn ich mir je wieder ein Auto kaufen würde, ich würde es nicht, aber angenommen, ich würde, dann sicher keinen neumodischen Japaner, sondern einen guten alten soliden *Borgward*.

80

Inhalt

stadtflucht

freiburger roulette

daydream

aus der traum